essentials

essentials liefern aktuelles Wissen in konzentrierter Form. Die Essenz dessen, worauf es als „State-of-the-Art" in der gegenwärtigen Fachdiskussion oder in der Praxis ankommt. *essentials* informieren schnell, unkompliziert und verständlich

- als Einführung in ein aktuelles Thema aus Ihrem Fachgebiet
- als Einstieg in ein für Sie noch unbekanntes Themenfeld
- als Einblick, um zum Thema mitreden zu können

Die Bücher in elektronischer und gedruckter Form bringen das Expertenwissen von Springer-Fachautoren kompakt zur Darstellung. Sie sind besonders für die Nutzung als eBook auf Tablet-PCs, eBook-Readern und Smartphones geeignet. *essentials:* Wissensbausteine aus den Wirtschafts-, Sozial- und Geisteswissenschaften, aus Technik und Naturwissenschaften sowie aus Medizin, Psychologie und Gesundheitsberufen. Von renommierten Autoren aller Springer-Verlagsmarken.

Weitere Bände in dieser Reihe http://www.springer.com/series/13088

Klaus Bredl · Barbara Bräutigam
Daniel Herz

Avatar-basierte Beratung in virtuellen Räumen

Die Bedeutung Virtueller Realität bei helfenden Beziehungen für Berater, Coaches und Therapeuten

Klaus Bredl
Augsburg, Deutschland

Daniel Herz
Greifswald, Deutschland

Barbara Bräutigam
Neubrandenburg, Deutschland

ISSN 2197-6708
essentials
ISBN 978-3-658-16014-2
DOI 10.1007/978-3-658-16015-9

ISSN 2197-6716   (electronic)

ISBN 978-3-658-16015-9   (eBook)

Die Deutsche Nationalbibliothek verzeichnet diese Publikation in der Deutschen National-
bibliografie; detaillierte bibliografische Daten sind im Internet über http://dnb.d-nb.de abrufbar.

Gedruckt auf säurefreiem und chlorfrei gebleichtem Papier

Springer ist Teil von Springer Nature
Die eingetragene Gesellschaft ist Springer Fachmedien Wiesbaden GmbH
Die Anschrift der Gesellschaft ist: Abraham-Lincoln-Str. 46, 65189 Wiesbaden, Germany

Was Sie in diesem *essential* finden können

- Aspekte von sozialer Präsenz und Immersion in virtuellen Beziehungen
- Form und Bedeutung des virtuellen Repräsentanten im virtuellen Raum bei helfenden Beziehungen
- Stand der Forschung im Bereich virtueller Räume für Avatar-basierte Beratung
- Gemeinsamkeiten und Unterschiede im Einsatz virtueller Realität für Beratung, Coaching und Psychotherapie

Inhaltsverzeichnis

Einleitung 1

Virtuellen Räumen kommt eine wachsende Bedeutung zu, und sie werden mehr und mehr Teil der allgemeinen Mediennutzung. Das Konzept, in einer dreidimensionalen virtuellen Umgebung über einen Repräsentanten z. B. in Form eines Avatars im Netz zu interagieren, findet zunehmend Verbreitung. Dies zeigt sich auch durch den Erfolg von Minecraft und dessen Übernahme durch Microsoft für 2,5 Mrd. US\$ (Zeit Online 2014). Minecraft war der zweithäufigste Suchbegriff bei YouTube in 2014 (Cowan 2015). Aber nicht nur im Umfeld solcher digitaler Online-Spiele sondern auch im professionellen Umfeld spielen virtuelle Räume eine Rolle, man findet sie im Einsatz bei der Aus- und Weiterbildung, im Training aber nunmehr auch in der Beratung, therapeutischen Settings und beim Coaching.

Somit stellt sich im Umfeld von Online-Beratung, Psychotherapie und E-Coaching die Frage nach den aktuellen Möglichkeiten und zukünftigen Potenzialen Avatar-basierter Unterstützung von professionell Handelnden und deren Klienten. Netzbasierte Kommunikation über Avatare kann neue Formen der Arbeit mit Klienten durch z. B. interaktive Rollenspiele in spezifischen Situationen ermöglichen. Die zentralen Forschungskonzepte für derartige virtuelle Umgebungen sind Vertrauen, soziale Präsenz, Repräsentation und darauf aufbauend der Faktor der Immersion. In diesem Zusammenhang wird den Stand der Forschung und Entwicklung und auf spezifische Voraussetzungen für die Gestaltung und Bewertung von dreidimensionalen Beratungs- und Coaching-Umgebungen eingegangen.

© Springer Fachmedien Wiesbaden GmbH 2017
K. Bredl et al., *Avatar-basierte Beratung in virtuellen Räumen*,
essentials, DOI 10.1007/978-3-658-16015-9_1

Differenzierung Psychotherapie, Beratung und Coaching

2

Coaching, Beratung und Psychotherapie stellen sich in der Praxis und aus Sicht der Nutzer/innen oft als überlappende Tätigkeiten dar und je nach Kontext ist es eher von Interesse, ihre Gemeinsamkeiten darzustellen oder sie in ihren unterschiedlichen Zielsetzungen scharf voneinander abzugrenzen.

Gemeinsam ist diesen drei Interventionsformen sicherlich, dass sie von Menschen in Problem- oder Notlagen in Anspruch genommen werden. Psychotherapie hat den Anspruch, körperliche und/oder psychische Symptome zu heilen oder zu lindern, Beratung ist in der Regel ein begrenzterer und kürzerer Prozess, der auf die Lösung von Problemen, die einzelne Lebensbereiche betreffen, abzielt. Coaching hingegen meint eine explizit lösungs- und zielorientierte „partnerschaftliche Beratung und Begleitung von Klienten unter Berücksichtigung ihrer Ressourcen und Fähigkeiten" (Spitczok von Brisinski 2011, S. 2). Für alle drei Interventionsformen gewinnen virtuelle Interaktionsmöglichkeiten zunehmend an Bedeutung. So wird beispielsweise mittlerweile vom „blended counseling" gesprochen (Eichenberg und Kühne 2014), das die Entwicklung von Mischformen meint, Online-Interventionen mit Offline-Angeboten im Bereich der Beratung miteinander zu verbinden. Auch die Supervision bedient sich inzwischen dieser Mischformen mit der Argumentation, dass dadurch zeitliche und örtliche Flexibilität erreicht werden könne, tendenziell sogar eine offenere Kommunikation möglich sei und man z. B. nicht durch etwaige mimische Kommentare des Supervisors irritiert werden könne (Höllenriegel 2013; Engelhardt 2014).

Interessanterweise sind diese Interventionsformen in der Praxis zwar mittlerweile recht gängig aber dazu im Verhältnis noch recht wenig erforscht; hingegen existieren forschungsbasierte und bereits gut evaluierte internetbasierte geleitete und ungeleitete Selbsthilfeansätze, die dafür aber bislang wenig in die real stattfindende psychosoziale Versorgung integriert sind (Berger et al. 2013).

© Springer Fachmedien Wiesbaden GmbH 2017
K. Bredl et al., *Avatar-basierte Beratung in virtuellen Räumen*,
essentials, DOI 10.1007/978-3-658-16015-9_2

Im psychotherapeutischen Bereich weisen Baur und Kordy (2008) beispielsweise auf die positiven Ergebnisse hinsichtlich der therapeutischen Allianz im
Bereich der internetbasierten Nachsorge und dabei speziell auf die posttraumati-
sche Belastungsstörung hin; etabliert hat sich mittlerweile der auf dem „Amster-
dam Writing Project" (Lange, Schoutrop, Shrieken und Van de Ven 2002 zit. nach
Eichenberg und Kühne 2014) basierende Begriff der „Interapy". Auch empiri-
sche Befunde zu krankheitsbezogenen Internetforen zeigen überwiegend positive
Aspekte (Berger 2011). Christian Roesler (2011) kritisiert dagegen jedoch eine
vor allem im deutschsprachigen Raum vorzufindende einseitig optimistische Hal-
tung hinsichtlich der Möglichkeiten virtueller therapeutischer Beziehungen, was
sich auch auf den Bereich von Coaching und Beratung übertragen lässt. Durch
die Möglichkeit, jederzeit die Kommunikation abzubrechen, und dem Wechsel-
spiel zwischen Erreichbarkeit des Therapeuten oder Beraters bei gleichzeitiger
Anonymität der eigenen Person könnten demnach Flüchtigkeit und Unverbind-
lichkeit in der Beziehung entstehen (Roesler 2011, S. 108). Es ist jedoch auch
zu beachten, dass sich die Nutzer gemeinsam einen neuen öffentlichen Raum,
eine virtuelle Community erschaffen. Auf der Suche nach individueller Sinnge-
bung werden diese virtuellen Orte jeglicher Art zu Ersatz- und Ergänzungsräu-
men der Identitätsbildung. Durch das Spiel mit den Identitäten können eventuell
zusätzliche Ressourcen in einem Beratungs- oder Coachingprozess entstehen,
die andere Teilhabemöglichkeiten, mehr Gestaltungsspielraum und Explorati-
onsmöglichkeiten mit bestimmten Anteilen seiner selbst ergeben können; auf der
anderen Seite steht das Risiko, dass die Grenzen zwischen realen und virtuellen
Identitäten verschwimmen und dass eine Vereinsamung und ein Rückzug auf die
virtuelle Identität stattfindet (Zuehlke 2014). Die mit diesem Prozess verbundene
Kommunikation und die Unterstützung durch soziale Lernerfahrung innerhalb der
Community sind zwar anfangs immer mit einem hohen Maß an Anonymität und
Distanz verbunden, jedoch bewirken virtuelle Spielräume durch den intensiven
Beziehungsaufbau der Nutzer untereinander einen Aktivierungsprozess, im Zuge
dessen sie immer häufiger Themen aus dem Real Life in die Community einbrin-
gen und dort bearbeiten (Benke 2007, S. 104).

Eine ausschließlich Internet- oder gar Avatar-basierte Psychotherapie ist
gemäß des ausschließlichen Fernbehandlungsverbots untersagt, da man davon
ausgeht, dass der persönliche Kontakt entscheidend dafür ist, psychotherapeuti-
sche Standards einzuhalten, wie z. B. Symptome nicht zu übersehen oder adäquat
einzuschätzen (Almer 2008; Wenzel 2011). Die hinsichtlich des Fernbehandlungsverbots formulierten Richtlinien beziehen sich allerdings laut Hintenberger
(2012) auf ein eher überholtes und defizitorientiertes Modell einer computerver-
mittelten Kommunikation. Hintenberger plädiert dafür, eher gebotsorientierte

Richtlinien zu verfassen und so z. B. festzulegen, dass ausreichende Kenntnisse zur Durchführung psychotherapeutischer Beratung im Internet gegeben sein müssen, der Therapeut die Klienten umfassend aufkläre und er sich darüber hinaus zur Prüfung der Situations- und Gefahrenbeherrschung verpflichten müsse.

Beratung und Coaching hingegen unterliegen keinen gesetzlichen Anforderungen, da es sich bei ihnen nicht um Krankenbehandlung handelt, sondern lediglich um eine Art Lebenshilfe. Es handelt sich dabei um niedrigschwellige Angebote, die auch in ihrer Ausgestaltung einen wesentlich größeren Spielraum haben.

Das Internet als Unterstützungsmedium 3

Die Nutzung des Internets ist von weiten Teilen der Gesellschaft bereits in die täglichen Lebensläufe integriert und im beruflichen wie auch privaten Alltag fest verankert (Eichenberg 2011; Eichenberg und Kühne 2014). Das Netz wird dabei zum einen als Informationsmedium und zum anderen als Interventionsmedium verwendet. Insbesondere als Informationsmedium zu Fragen der psychischen Gesundheit ist das Internet zu einem ausgesprochen relevanten Faktor geworden, so recherchierten bereits 2006 22 % der Internetnutzer in den USA zu Fragen der psychischen Gesundheit und über 60 % wünschten sich im Internet mehr Informationen über Beratungsangebote (Eichenberg et al. 2013; Sasse 2009).

Neben der Mediatisierung des Alltags lässt sich zudem eine hohe Selbstoffenbarungsbereitschaft in der virtuellen Kommunikation feststellen (Taddicken 2011). Hierbei dient das Netz bei psychosozialen Problemen nicht nur der Informationssuche, sondern immer häufiger wird auch die direkte Unterstützung durch professionelle Helfer gesucht (Eichenberg 2011) und es gewinnt damit als Unterstützungsmedium für die Lösung von Problemlagen in den klassischen Beratungsfeldern (wie Umgang mit persönlichen Problemen, Konflikten und Orientierungsfragen) zunehmend an Bedeutung.

„Sowohl die Wirksamkeit medialer Interventionen als auch das Erreichen neuer Zielgruppen wurden mittlerweile in den… (Meta-)Studien belegt. Insbesondere die Anonymität des Internets, die im realen face-to-face nicht in dieser Weise denkbar ist, ermöglicht es auch solchen Menschen, sich an Beratungseinrichtungen zu wenden, die – zumindest zu einem bestimmten Zeitpunkt – eine Beratungsstelle oder Therapieangebote vor Ort nicht aufgesucht hätten" (Wenzel 2013a, S. 106).

Vorteile einer internetgestützten Psychotherapie aus Sicht der Patienten sind beispielsweise die rasche Verfügbarkeit von Hilfe in Krisensituationen sowie

© Springer Fachmedien Wiesbaden GmbH 2017
K. Bredl et al., *Avatar-basierte Beratung in virtuellen Räumen*,
essentials, DOI 10.1007/978-3-658-16015-9_3

das Gefühl zwischen den Sitzungen nicht allein gelassen zu werden (Eichenberg und Kühne 2014). In einer Metaanalyse, die 89 Studien mit empirischen Wirksamkeitsnachweisen zu störungsspezifischen Interventionsangeboten im Internet umfasst, konnte bei 91 % der internetgestützten behandlungsorientierten Programme die Effektivität nachgewiesen werden (Eichenberg und Brähler 2012). Hinsichtlich der bundesdeutschen Nutzung des Internets als Ratgeber bei psychischen Problemen besteht laut der repräsentativen Studie von Eichenberg und Brähler (2012) ein signifikanter Zusammenhang zwischen einzelnen Altersgruppen und der Nutzung des Internets, „…insofern, dass dessen Inanspruchnahme bei psychischen Problemen mit steigendem Alter zunehmend seltener in Betracht gezogen zu werden scheint" (Eichenberg und Brähler 2012, S. 67).

Gegenüber dem Internet als Interventionsmedium herrscht allerdings sowohl seitens der Berater und Therapeuten (Wenzel 2013) als auch aufseiten der Nutzer/innen immer noch eine gewisse Zurückhaltung. Hierzu werden aber inzwischen zahlreiche bereits textbasierte Beratungs- und Coachingformen (wie Foren, Chat, E-Mail) im Internet angeboten (Geißler 2008; Geißler und Kanatouri 2015), die jedoch ein gutes Textverständnis und hohe Schreibkompetenz voraussetzen. Dies ermöglicht zwar einerseits ein zusätzliches Hilfsangebot für eine eher bildungsaffine Zielgruppe, andererseits führt es jedoch mit der Tendenz zur Verschriftlichung zu einer Benachteiligung bzw. Ausschluss von bestimmten eher bildungsferneren Nutzergruppen (Klein 2007; Wenzel 2013b).

Insgesamt sind aber Klienten durch das Internet anders vorinformiert, es gibt ein größeres Bedürfnis nach Clearing und es scheint eine Modernisierung von Beratungsangeboten durch Medienintegration notwendig: die diversen Angebote müssen besser miteinander verzahnt werden und die veränderten/erweiterten Beratungsanfragen verändern mitunter das berufliche Selbstkonzept (vgl. Wenzel 2013b). Daher besteht für Beratungseinrichtungen die Notwendigkeit, mediale Formate mit synchronen Kommunikationsmöglichkeiten wie Voice-Chat und stärker handlungsorientierten Formen zu entwickeln und zu nutzen, wie etwa das gemeinsame Agieren innerhalb eines dreidimensionalen virtuellen Raumes.

Das Konzept der Avatar-basierten Beratung in dreidimensionalen Räumen könnte somit in therapeutischen Beratungs- und Coachingprozessen eine sinnvolle und nutzerbezogene Erweiterung darstellen.

Merkmale Avatar-basierter Unterstützung

4

Im Folgenden soll auf Merkmale Avatar-basierter Unterstützung eingegangen werden, die für die Gestaltung helfender Beziehungen besonders beachtenswert erscheinen. Dies betrifft die Symbolisierungsfähigkeit und Imagination, die Repräsentation und Identitätsbildung, die Phänomene der Immersion und Sozialen Präsenz sowie die Tendenzen zur Selbstoffenbarung und Idealisierung.

4.1 Symbolisierungsfähigkeit

In der Entwicklungs- und klinischen Psychologie werden oftmals spezielle Fantasieprodukte von Kindern beschrieben, wie z. B. der imaginäre Gefährte, die eine entwicklungsfördernde Funktion besitzen, Selbstheilungskräfte aktivieren und der Kompensation von Defiziten im Beziehungsbereich, der Impulskontrolle und der Abwehr narzisstischer Kränkungen dienen (Seiffge-Krenke 2004). Offensichtlich gewinnt die Erschaffung eines imaginären Gefährten – des Avatars – mit der Weiterentwicklung virtueller Welten wie z. B. in den zahlreichen Online-Computer-Spielen, MMORPGs bzw. MUVEs zunehmend an Bedeutung. MMORPGs können ähnlich wie der Konsum von Fantasy-Literatur zum einen die Realitätsflucht begünstigen und zum anderen die weitere Ausformung von Symbolisierungsfähigkeit unterstützen. Die Förderung der Symbolisierungsfähigkeit bzw. der Fähigkeit, Symbol- und Rollenspiele zu inszenieren, bedeutet dabei, einen Möglichkeitsraum zu erschaffen und eine genuine Verbindung zwischen innerer und äußerer Realität herzustellen.

Dabei besteht die Möglichkeit, den Audiokanal (Voice-Chat) zu benutzen und damit eine erweiterte Sprachlichkeit in den Beratungs- und Coaching-Prozess zu integrieren.

© Springer Fachmedien Wiesbaden GmbH 2017
K. Bredl et al., *Avatar-basierte Beratung in virtuellen Räumen*,
essentials, DOI 10.1007/978-3-658-16015-9_4

Nach Stenzel (2006) stärkt insbesondere fantastische Kinderliteratur die kindliche Entwicklung durch die Verarbeitung emotionaler Erlebnisse und die Spiegelung des eigenen Selbst, sowie die Auseinandersetzung mit dem fremdartig erscheinenden Anderen. Sie ermöglicht ihren Rezipienten, zwischen zwei Welten hin und her zu pendeln, eröffnet den Blick darauf, dass das fantastische – das Nicht-Mögliche – als Element bzw. als Symbol für etwas Dahinterliegendes angesehen wird und fördert insofern die Symbolisierungsfähigkeit (Bräutigam 2009).

„Virtuelle Räume geben die Möglichkeit, geschützt an sich selbst und der eigenen Persönlichkeit zu arbeiten, sich ständig neu zu erfinden und im Rahmen von Virtualität zu erproben. Diese Räume dienen also nicht nur als Kommunikationsorte und/oder als Beratungsräume, in denen man Erfahrungen sammeln und sich informieren kann. Sie gelten auch als Spielräume, in denen neue Beziehungen erprobt und aufgebaut werden können" (Huth-Hildebrandt 2011, S. 5).

Die Erschaffung eines eigenen Avatars, der mit gewünschten Eigenschaften versehen wird, kann u. a. auch die Vitalisierung von bestimmten Persönlichkeitsanteilen befördern, die im realen Leben, aus welchen Gründen auch immer, wenig zum Zuge kommen. Das müssen nicht nur negative Eigenschaften, wie eine erhöhtes Aggressionspotenzial sein, sondern es können durchaus auch bestimmte persönliche und soziale Kompetenzen wie Mut, Hilfsbereitschaft, Kommunikationsfähigkeit sein – von der Kreation äußerer attraktiver Merkmale abgesehen.

4.2   Repräsentation und Identitätsbildung

Die Interaktion über einen Repräsentanten, einen sogenannten Avatar, ist vielen Usern insbesondere aus dem Gaming-Bereich (Sims, World of Warcraft etc.) durchaus vertraut, einschließlich der Interaktion in einem virtuellen dreidimensionalen Raum. Avatare zeichnen sich dadurch aus, dass sie durch einen menschlichen Nutzer in einer computergenerierten Umgebung kontrolliert bzw. gesteuert werden (Bailenson und Blascovich 2004). Entscheidend hierbei ist, inwieweit eine Identitätsbildung einschließlich der Vitalisierung von Persönlichkeitsanteilen durch die Gestaltung des Avatars ermöglicht wird und vor allem in welcher Intensität die Identifizierung mit der virtuellen Erscheinung stattfindet. Zur Beschreibung dieses Gradmaßes eignet sich der Begriff der Repräsentation. So lassen sich in der Virtualität vier Identifikationsgrade mit dem digitalen Repräsentanten erkennen, die mit zunehmender Komplexität und Gestaltbarkeit auch eine zunehmende Erfahrung ermöglichen: der Player, der Avatar, der Charakter und die Persona. Diese Unterteilung lässt sich daher im Zusammenhang mit Repräsentation auch als primäre Differenzierungsmöglichkeit begreifen (Bartle 2003). Der Avatar als Repräsentant des Nutzers, lässt bereits einen großen Gestaltungsspielraum zu. Insbesondere durch einen wesentlich höheren Grad an technisch bedingten und gestaltbaren Individualisierungsoptionen, wie Aussehen, Kleidung, Geschlecht, Größe, etc. Als solches ist der Avatar also eher eine technisch weiter entwickelte Form des Players und beinhaltet ein größeres Repertoire an Individualisierungsoptionen, woraus sich durch den größeren Gestaltungsspielraum auch eine höhere Identifikation mit der Kunstfigur ableiten lässt. Der Charakter ist dadurch gekennzeichnet, dass über ihn erstmals in der Ich-Form kommuniziert wird und ein hohes Maß an Identifikation mit dem virtuellen Repräsentanten besteht. So gesehen ist dieser Zustand also eher eine innerpsychische Aufwertung des Avatars, weniger eine Frage der technischen Realisierung. Als Höchstform der Identifikation und damit auch der immersiven Erfahrung gilt die Persona. Dabei ist der virtuelle Repräsentant Teil der Identität des Nutzers. Der Nutzer empfindet nicht mehr das Vorhandensein eines Repräsentanten, sondern ist selbst virtuell präsent. Auch dieser Zustand scheint eher ein Wahrnehmungsphänomen auf der Beziehungsebene des Nutzers zu seinem virtuellen Repräsentanten zu sein, wenngleich ein Höchstmaß an technischen Individualisierungsoptionen zur Ausgestaltung des virtuellen Ichs unterstützend sein dürfte (Bredl und Herz 2010). Dabei sorgen die kulturell geprägten und internalisierten Grundbilder ästhetischen Empfindens dafür, dass gerade durch die technischen Möglichkeiten der Virtualität individuelle idealisierte Selbstbilder als gesellschaftliche Abbilder entstehen (Benke 2007).

Die Körperlichkeit wird über den Avatar, den eigenen Repräsentanten, hergestellt, was dazu führt, dass der Klient äußert, dass er sich dort in dieser virtuellen Welt befindet. Obwohl es dem Nutzer möglich ist, für den körperlichen Ausdruck seines Avatars aus einer Reihe von vordefinierten Gesten auszuwählen, darf man hier natürlich keine Vergleiche gegenüber einer realen Präsenzsitzung herstellen, denn letztlich müssen alle körpergebundenen Signale im Gegensatz zum Real Life bewusst gesendet werden. Die Gegenüberstellung sollte immer in Relation mit anderen Settings der Online-Beratung und des E-Coachings erfolgen.

Der Avatar verkörpert immer bestimmte psychische Repräsentanzen und Identitätsanteile, die sich im virtuellen Raum in Interaktionen manifestieren und in der realen Welt ihren Besitzer möglicherweise mental beschäftigen.

Ähnlich wie der imaginäre Gefährte ist der Avatar potenziell in der Lage, Defizite im Beziehungsbereich des realen Lebens zu kompensieren und z. B. sozial kompetent um Hilfe oder Beratung zu bitten.

4.3   Immersion und Präsenz

Grundsätzlich findet Beratung, Coaching oder Therapie, gleichgültig ob virtuell oder real, immer in einem intersubjektiv definierten Raum statt:

„So bewegt sich keine Therapie in einem fiktiv abgeschlossenen, monadischen Raum, sondern stets in einer gemeinsam erarbeiteten Wirklichkeit. Im intersubjektiven Feld treffen sich zwei Welten, die sich ‚fortlaufend enthüllen und voreinander verbergen' […] Das gemeinsame intersubjektive Dritte ist der Stoff, aus dem sich zunehmend das Kohärenz- und Kontinuitätsgefühl bildet" (Bürgin 2004, 118 f.).

Bei der Avatar-basierten Unterstützung wird dieses Aufeinandertreffen zweier Figuren, die sich fortlaufend enthüllen und voreinander verbergen noch mal um einiges deutlicher.

Immersion kann im Zusammenhang mit virtuellem Raum häufig als Ich-Beteiligung oder Miteinbezogenheit verstanden werden (Pietschmann 2009). Pietschmann (2009) gibt demnach folgende Definition an:

„Immersion ist ein psychischer Zustand, der sich dadurch charakterisiert, wie stark ein Nutzer den Eindruck hat, Bestandteil einer Umgebung zu sein, die kontinuierliche Stimuli und Erlebnisse liefert" (Pietschmann 2009, S. 44).

Dies macht deutlich, dass unter Immersion ein „Vorgang oder Zustand des Ein- oder Untertauchens" (Pietschmann 2009, S. 70) verstanden wird.

„Eng mit dem immersiven Erleben geht die Erfahrung der Präsenz einher, wobei die Wahrnehmung gemeint ist, sich innerhalb einer virtuellen Umgebung anwesend, d. h. präsent, zu fühlen" (Heers 2005, S. 49). Um ein besseres Verständnis für diese Verkörperung zu erhalten, ist es hilfreich, der Unterscheidung von Heeter (1992) innerhalb des Phänomens Präsenz zu folgen. Er unterscheidet drei Arten von Präsenz in virtuellen Welten: Die umweltbedingte Präsenz, die im Zusammenhang mit den interaktionistischen Möglichkeiten steht, welche die virtuelle Welt bietet. Die personengebundene Präsenz, die das individuelle Gefühl des *sense of being there* beschreibt, also das Erleben des realen Vor-Ort-Seins und drittens die soziale Präsenz, die sich auf das Vorhandensein anderer Personen in der virtuellen Umgebung bezieht. Insbesondere die letztgenannte Form beschreibt das Phänomen, die virtuelle Umgebung als sozialen Kontext, als Setting für Beratung und Coaching wahrzunehmen, in dem die eigene Anwesenheit innerhalb des virtuellen Raumes auf die Anwesenheit des Beraters oder Coachs trifft und das eigene Verhalten dahin gehend ausgerichtet wird, als würde man einem echten Menschen begegnen (Bredl und Herz 2010).

In Auswertung zahlreicher zum Teil klinischer Studien zum Einsatz von Virtual Reality bei Therapien von alkohol- und drogenabhängigen Patienten kommen Hone-Blanchet, Wensing und Fecteau (2014) zu dem Schluss, dass

VR-Technologie ein gutes Mittel sein können, um individualisierte Situationen und Begegnungen zu inszenieren, die das subjektive Verlangen nach dem Suchtmittel beim Patienten durch die Einbeziehung realitätsnaher sozialer und sozialräumlicher Kontexte des Patienten induzieren können. Dies geschieht sowohl in Form der Erzeugung einer Reiz und Signal gebenden virtuellen Umgebung, als auch durch die virtuelle Begegnung von Avataren als soziale Interaktion. Hauptentscheidend für die Wirksamkeit ist dabei die immersive Erfahrung, einhergehend mit dem Gefühl der sozialen Präsenz. Insofern stellt den Autoren zufolge die VR-Technologie ein nicht zu unterschätzendes Potenzial für die Therapie, z. B. im Rahmen der Konfrontationstherapie bei Suchtmittelabhängigen, dar.

Immersion bzw. Präsenz ist auch mit den vielfältigen Möglichkeiten der Navigation über den Avatar in der dreidimensionalen Welt, die auch vor der Möglichkeit des Fliegens und des Teleportierens nicht halt macht, verbunden. Für fortgeschrittene Nutzer/innen ist auch die Gestaltung dieser dreidimensionalen Welt kein Problem. Relativ einfach lassen sich jenseits professioneller Softwarelösungen auch für den Laien z. B. in Second Life[1] oder OpenSim[2] dreidimensionale Objekte bauen und diesen dann über entsprechende Skripte Eigenschaften zuweisen, die eine erweiterte Interaktion ermöglichen.

4.4 Selbstoffenbarung und Idealisierung

Besonders interessant für Therapie-, Beratungs- und Coachingprozesse dürfte zudem sein, dass sich erkennbare Tendenzen höherer Selbstoffenbarungsbereitschaft aufzeigen lassen (Weisband und Kiesler 1996; Joinson 2001). So merken Wagner und Maercker (2011) auch an, dass zahlreiche Studien darauf hinweisen, dass sich bei der Internetkommunikation die Bereitschaft über sich selbst zu sprechen erhöht. Dies wird einerseits durch die physische Isolation am PC und andererseits durch die Abwesenheit sozialer und kontextueller Hinweise in der Kommunikation erreicht. Die sich daraus ergebende geringere Identifizierbarkeit wirkt sich in der Folge positiv auf die Offenheit und Bereitschaft aus, persönliche und vertrauliche Inhalte Preis zu geben (Misoch 2006).

Ohnehin entsteht bei der Betrachtung der Online-Kommunikation die These, dass aufgrund von Idealisierungsprozessen, selektiver Selbstdarstellung und Wechselseitigkeit die Kommunikation sozialer und intimer als in der Face-to-Face-Situation

---

[1]http://secondlife.com.

[2]http://opensimulator.org.

erfolgt (Walther 1996). Grund dafür ist neben der Selbstidealisierung auch die Idealisierung des Gegenübers durch das Ausfüllen von Informationslücken mit positiven und idealisierten Inhalten. Ursächlich dafür sind nach Walther (1996) die überwiegend positiven Projektionen, die bei der selektiven Selbstdarstellung im Netz erzeugt werden.

Die Erschaffung eines Avatars scheint zunächst daran orientiert, die als ideal empfundenen Eigenschaften miteinander zu kombinieren und persönliche Unzulänglichkeiten zu eliminieren. Aber ist das auch die richtige Herangehensweise an die Erschaffung eines Berateravatars? Aus der klientenzentrierten Beratung nach Carl Rogers (1993) muss der Berater insbesondere drei Anforderungen erfüllen. Er muss empathisch, wertschätzend und authentisch sein. Der systemisch orientierte Coach muss darüber hinaus lösungs- und ressourcenorientiert agieren. Inwiefern kann der Berater-Avatar diesen Anforderungen nachkommen und welche anderen braucht er eventuell noch? Ist es vielleicht sogar zwingend, dass er ein wenig Versehrtheit und Imperfektion in seine Figur hinein komponiert, um die Atmosphäre von Omnipotenz, die den Avataren in den virtuellen Räumen eigen zu sein scheint, ein wenig zu durchbrechen?

„Das klischeehafte Idealbild eines Psychotherapeuten ist der allseits freundliche, wohlwollende und vor allem verstehende Mensch, der sein eigenes Ich hintan hält und keine Fehler macht […]. Nur leider ist der so verstandene Psychotherapeut kein Mensch mehr, sondern nur mehr eine Projektionsfläche, wie in den Anfängen der Psychotherapie gefordert" (Bienenstein und Rother 2009, S. xii).

Interessant wäre nun perspektivisch zu erforschen, wie ein ansprechender potenziell idealisierungsfähiger aber durch seine Perfektion nicht einschüchternder Berater-Avatar beschaffen sein könnte bzw. konstruiert werden sollte, um eine geeignete Projektionsfläche darzustellen und den Beziehungsaufbau zwischen dem Repräsentanten sowie zwischen den beteiligten realen Personen hilfreich zu unterstützen.

Die wesentlichen Merkmale Avatar-basierter Unterstützung bestehen somit zum einen in der Ermutigung des Ausprobierens anderer Identitäten mit in der Realität so nicht lebbaren Anteilen. Eine weitere Charakteristik liegt in der Herstellung von Atmosphären und Szenarien, in welche die Beteiligten eintauchen können, um sich mit Situationen auseinanderzusetzen, die in der Realität so nicht erzeugt werden können. Und schließlich gibt es die Perspektive der potenziellen Herabsetzung von Hemmschwellen, um sich öffnen zu können und bisher schamhaft verschwiegene Persönlichkeitsanteile von sich zu zeigen und in Beziehung zu bringen.

Stand der Forschung und Entwicklung 5

Wie genau Beratungsformen in virtuellen Welten aussehen könnten, sind u. a. Hintenberger und Kühne (2009) nachgegangen. Sie haben in diesem Zusammenhang darauf hingewiesen, dass Virtualität und Realität nicht unbedingt als Gegensatzpaare zu verstehen seien und dass „die Wirklichkeitsakzeptanz neuer Phänomene auch etwas damit zu tun hat, wie lange sie bereits in unserem Alltag einen Platz gefunden haben" (Hintenberger und Kühne 2009, S. 13).

Andrews (2014) untersuchte in einer Studie Avatar-basierte Coachingsitzungen. Dabei wurden Fallstudien herausgearbeitet, in denen acht von einem Coach begleitete Avatare, in einer 3D virtuellen Welt qualitativ wissenschaftlich begleitet wurden. Die Ergebnisse zeigten, dass es fünf Bereiche gibt, die das Phänomen des Avatar-basierten Coachings beschreiben: Vergleiche des herkömmlichen face-to-face Coachings versus Coaching in der virtuellen Realität, das Fehlen sozialer Normen und das Vorhandensein nonverbaler Hinweise, technologische Merkmale, das Präsenzerleben, und das eigentliche Avatar-Coaching.

Bei sozialen Phobien und Essstörungen gibt es bereits Referenzprojekte. Man spricht dort auch von ‚Avatar(-based) Therapy'. Betroffenen, essgestörten Nutzern wird von anderen Nutzern in der virtuellen Welt ein adäquateres Verhalten im Umgang mit Nahrung gezeigt (Engelhardt und Storch 2013; Riva 2011).

Lorna (2013) berichtet von positiven Effekten bei Menschen die unter Schizophrenie leiden. Dabei verringerten sich durch die Avatar-basierte Interaktion die Anzahl der Halluzinationen.

Die Wirksamkeit virtueller Räume auf das Erleben und die Übertragbarkeit von virtuell gemachten Erfahrungen in die äußere Realität lassen sich auch aus den Forschungsergebnissen einer Studie der Universität Freiburg und Universität Zürich von Scheel et al. (2012) ableiten. Hierbei wurden substanzielle psychische und physiologische Belastungsreaktionen innerhalb eines virtuell simulierten

© Springer Fachmedien Wiesbaden GmbH 2017

K. Bredl et al., *Avatar-basierte Beratung in virtuellen Räumen,*

essentials, DOI 10.1007/978-3-658-16015-9_5

Notfallszenarios untersucht. Im Ergebnis konnte nachgewiesen werden, dass das virtuell erzeugte Szenario bei den teilnehmenden Probanden sowohl zu subjektiven als auch zu physiologischen Veränderungen im Sinne einer Stressinduktion führte und somit derartige Simulationen für die Erforschung des Bewältigungsverhaltens und Entwicklung von Verhaltensstrategien in Notfallsituationen als brauchbar erscheinen.

Erste vorläufige klinische Daten zum Einsatz von virtueller Realität liefern Hoffmann Hunter et al. (2014), die im Rahmen einer Einzelfallstudie eines Patienten mit Verbrennungen eine Schmerztherapie durchführten. Dabei wurde sogar eine Oculus Rift VR Brille verwendet, die mittlerweile massentauglich im Handel erhältlich ist (Janssen 2016). Im Ergebnis konnte aufgezeigt werden, dass durch den Einsatz der VR-Brille im Vergleich zur herkömmlichen Beschäftigungstherapie eine deutliche Verbesserung hinsichtlich wahrnehmbarer Abnahme der Schmerzintensität erreicht werden konnte.

Das südkoreanische Forscherteam um Park Chan-Bin et al. (2014) untersucht in einer Studie die Wirksamkeit des Einsatzes virtueller Umgebungen in einer Konfrontationstherapie im Vergleich zur kognitiven Verhaltenstherapie bei Patienten mit Nikotinabhängigkeit (im Speziellen eine simulierte Situation an einer Bar). Ihre vorläufigen Forschungsergebnisse deuten darauf hin, dass der methodische Einsatz virtueller Konfrontationstherapie auf einem vergleichbaren Niveau Ergebnisse erzielt, wie die kognitive Verhaltenstherapie.

In der ersten Phase des Projektes der chinesischen Forscher Li und Wang (2014) konnte aufgezeigt werden, dass dreidimensionale virtuelle Räume ein hohes Maß an sozialer Präsenz und das Gefühl der Kontrolle durch Interaktion mit der Umgebung und dem virtuellen Repräsentanten ermöglichen. Hintergrund ihres Forschungsinteresses ist ein besonders an der Gestaltung des Designs virtueller Umgebungen orientiertes Vorhaben, das Menschen mit einer erhöhten arbeitsbedingten Stressbelastung im Vergleich zu herkömmlichen zweidimensionalen Angeboten ein verbessertes psychologisches Selbsthilfesystem zum Stressabbau bieten soll.

Sehr interessant könnten auch die Forschungsergebnisse von Freedmann et al. (2015) werden, die den Einsatz von Virtueller Realität zur Prävention bei Posttraumatischen Belastungsstörungen untersuchen. Dabei begegnen sich Therapeut und Klient in Echtzeit in einer virtuellen Umgebung, die auch das Einspielen von Bildern, Videos und 3-D-Sounds ermöglicht. Bei den Studienteilnehmern handelt es sich um Personen, die nach Verkehrsunfällen erste Symptome einer möglichen Belastungsstörung zeigen. Die Intervention hat das Ziel, durch den Einsatz von VR-Technologie eine Verschlechterung des Symptombildes zu vermeiden beziehungsweise eine Verbesserung zu erzeugen. Hierbei geht die Forschungsgruppe davon aus, dass es bei entsprechenden Forschungsergebnissen und abnehmender Kostenintensität von VR-Technologie in den kommenden Jahren eine zunehmende Akzeptanz und Zugänglichkeit des Einsatzes solcher Methoden geben wird. Und dies dürfte dann eben nicht nur das Tätigkeitsfeld der Behandlung im therapeutischen Sinne betreffen, sondern ebenso das Tätigkeitsfeld der Beratung, mit dem vorrangigen Ziel der Prävention.

Angesichts der bisher vorliegenden Forschungsergebnisse und den Prognosen zum Potenzial der Technologien für virtuelle Umgebungen insbesondere hinsichtlich der Gestaltung helfender Beziehungen, erscheint es als folgerichtig, dass auch der Anbieter-Markt für spezialisierte virtuelle 3-D-Branchenlösungen entsprechende Produkte hervorbringt. So bietet beispielsweise das weltweit agierende Unternehmen Dassault Systèmes[1] bereits VR-Anwendungen an, die z. B. für die Behandlung Posttraumatischer Behandlungsstörungen, Phobien und Süchte, in der Schmerztherapie, zur Untersuchung des Patientenverhaltens und -empfindens, aber auch für Ausbildungszwecke im öffentlichen Gesundheitswesen oder der Cyberanatomie für Medizinstudenten und Ärzte dienen können.

Dass solche Überlegungen und die aufgezeigten designorientierten Studien relevant und die Ergebnisse evident sind, zeigen die in letzter Zeit entwickelten Plattformen für virtuelle Unterstützungsprozesse, insbesondere im Coachingbereich.

CAI Coaching World[2] ist eine eingeschränkt interaktive Plattform für den virtuellen Coaching-Prozess. Sie bietet aber bereits einige Instrumente, die zur Unterstützung sehr hilfreich sind. Man kann u. a. ein Soziogramm erstellen, ein Whiteboard und eine Präsentationswand nutzen, Aufstellungen und das innere Team abbilden und eine Bildergalerie zur Darstellung von Stimmungen nutzen.

In dem schon etwas aufwendigeren 3-D-Visualisierungstool von CoachingSpaces[3] lassen sich unterschiedliche Perspektiven der Klientensituation darstellen und Familien und Organisationsstrukturen sowie das innere Team abbilden.

ProReal[4] bietet demgegenüber abgesehen von der Darstellung virtueller Repräsentanten zusätzlich eine detaillierte Landschaft mit einer Vielzahl von Szenarien und Objekten, die als Metaphern für den Beratungs- bzw. Coachingprozess verwendet werden können.

---

[1]http://www.3ds.com/de/branchen/life-sciences/krankenpflege/.

[2]https://www.cai-world.com/online-coaching.

[3]http://www.coachingspaces.com.

[4]http://www.proreal.co.uk.

Gemeinsam ist den Plattformen, dass im Zentrum der zu Beratende steht, dessen Situation in einem bestimmten Kontext visualisiert wird. Es geht um Positionen, um Aufstellungen und um Metaphern.

Aber der Coach als virtuelles Gegenüber findet sich nur bei der Lösung von TriCat[5].

Die Firma TriCAT bietet eine Plattform für Avatar-basiertes Coaching mit der Möglichkeit an, Klient und Coach als Avatar durch die Coachingumgebung zu bewegen. Coach und Coachee können miteinander sprechen und systemische Aufstellungen sind möglich. Es können ferner verschiedene Objekte im Raum platziert werden, um unterschiedliche Problemlagen darzustellen (TriCat 2016).

---

[5]https://www.tricat.net.

Ein spezielles Avatar-basiertes Beratungsprojekt 6

Um das Beratungsangebot zu vergrößern und um den virtuellen Spielraum für internetbasierte Beratungsangebote zu nutzen, hatte die Hochschule Neubrandenburg eine virtuelle Beratungsambulanz in der anwendererzeugten virtuellen 3-D-Welt des Internets, auf der Plattform Second Life (SL; vgl. http://secondlife. com) getestet (Bräutigam et al. 2011).

Um Erkenntnisse über die Nutzerakzeptanz gegenüber virtuellen Beratungsangeboten zu bekommen, wurde eine Vorabstudie zu den Ansprüchen und der Kritik der User an bisherigen Angeboten angestellt. Diese ersten Ergebnisse mündeten in der Fragestellung, wie Avatar-basierte Beratungsangebote in SL wahrgenommen werden. Aus den Resultaten lassen sich ähnliche Ansprüche wie bei Beratungsangeboten des Real Life (RL) vermuten (Lüngen und Rienitz 2010). Es wurde deutlich, dass den Nutzern ein formal korrektes, transparentes und am realen Leben (RL) überprüfbares Auftreten der Forscher und Berater sehr wichtig ist. Sie legten Wert auf die Identifizierbarkeit des Ansprechpartners und auf seine nachweislichen Qualifikationen. Weiterhin erwarteten die User, dass der Forscher ein angemessenes Interesse an SL hat, über einen SL-Account verfügt und über längere Zeit inworld präsent war. Neben Offenheit und Wertschätzung aufseiten des Beraters (und Forschers) wird von den Usern ein besonderer Wert auf den sensiblen Umgang mit Daten gelegt. „Als Voraussetzung für die Gewährleistung eines produktiven Kontaktes sehen wir das Verständnis für die (negativen) Erfahrungen der User und empfehlen diese zu beachten" (Lüngen und Rienitz 2010, S. 28).

Aus dieser Vorstudie wird ersichtlich, dass man von einer anspruchsvollen potenziellen Nutzergruppe der virtuellen Beratungsangebote ausgehen darf und es Sinn macht, das neue Format des Beratungsangebotes einmal genauer in den Blick zu nehmen und nicht zuletzt Unterschiede zum realen Beratungssetting aufzuzeigen.

© Springer Fachmedien Wiesbaden GmbH 2017   19
K. Bredl et al., *Avatar-basierte Beratung in virtuellen Räumen*,
essentials, DOI 10.1007/978-3-658-16015-9_6

Zusammenfassung und Ausblick 7

Im Beitrag wurde aufgezeigt, wie helfende Beziehungen in Avatar-basierten virtuellen Räumen funktionieren könnten. Dabei sind die Gemeinsamkeiten sowie die Differenzierungen von Psychotherapie, Beratung und Coaching in diesem Zusammenhang dargestellt worden, wobei auch auf die derzeitige, sich noch restriktiv zeigende, Rechtslage der Psychotherapie über das Internet hingewiesen werden muss.

Es wurde ebenfalls auf die allgemeinen und speziellen Perspektiven des Internets als Unterstützungsmedium eingegangen. Dabei zeigte sich, dass die verstärkte Mediatisierung des Alltags, insbesondere hinsichtlich der Nutzung des Internets, sowie die einhergehende zunehmende Selbstoffenbarungsbereitschaft in der Onlinekommunikation das Feld für neue Formen der Onlineberatung bereiten. Das Netz dient nicht mehr nur der Informationssuche bei persönlichen Problemlagen sondern es wird auch der Kontakt zu professionellen Helfern online gesucht. Damit erhöht sich die Bedeutung des Web für professionelle Beratung, Coaching und Therapie. Das zeigen auch die aufgeführten Studien hinsichtlich der Wirksamkeit und der neuen Qualität der Zielgruppenorientierung.

Des Weiteren wurden die Merkmale Avatar-basierter Unterstützung, Symbolisierungs- und Imaginationsfähigkeit, Repräsentation und Identitätsbildung, Immersion und Soziale Präsenz sowie die Tendenzen zur Selbstoffenbarung und Idealisierung dargelegt.

Beim Stand der Forschung zeigte sich, dass es insbesondere in den letzten Jahren Forschungsarbeiten gibt, die den Aspekten der Beratung und Therapie in virtuellen Räumen nachgehen. Auf der Seite der kommerziellen Entwicklung fällt auf, dass in den letzten 2–3 Jahren virtuelle Räume, teilweise mit Avatar-basierten Lösungen, zur Nutzung in Coaching, Beratung und Therapie angeboten werden. Ansatzweise gibt es hierzu auch Begleitforschung. Zum Abschluss wurde das

© Springer Fachmedien Wiesbaden GmbH 2017
K. Bredl et al., *Avatar-basierte Beratung in virtuellen Räumen,*
essentials, DOI 10.1007/978-3-658-16015-9_7

eigene Projekt der Autoren mit den ersten Erkenntnissen zur Akzeptanz des Einsatzes einer virtuellen Beratungsambulanz aufgezeigt.

Ein zukünftiges Forschungsinteresse wird wohl im Bereich der Wirkung der Anwesenheit des Beraters in Form eines Repräsentanten im virtuellen Raum liegen.

Erste Annahmen lassen den Schluss zu, dass beim Coaching der Coach als Gegenüber weniger bedeutsam ist, als in anderen Beratungssettings. Dennoch ist das Berater-Klientenverhältnis, also die Beziehungsebene immer vorhanden und über die Ausgestaltung dieser Beziehung im virtuellen Raum ist noch einiges an Forschungsarbeit nötig. Gleiches dürfte für die Sinnhaftigkeit und/oder Notwendigkeit des gekonnten Settingwechsels zwischen Begegnung face-to-face, text- oder videobasiert und eben avatar-basiert, zutreffen.

Was Sie aus diesem *essential* mitnehmen können

- Angebotsformen Avatar-basierter Beratung, Coaching und Therapie lassen sich bereits jetzt gestalten und sind wirksam
- Erste Forschungsergebnisse zur Machbarkeit, Wirksamkeit und Design liegen vor, jedoch stellen sich hinsichtlich der Beziehungsgestaltung weitere Fragen
- Zentrale Forschungskonzepte sind Immersion, Soziale Präsenz, Repräsentation und virtuelle Identität, Symbolisierungsfähigkeit, Selbstoffenbarung und Idealisierung
- Das avatar-basiertes Setting ermöglicht neue Gestaltungsspielräume und stärker individualisierte Methoden
- Die bewusste Imperfektion des „Experten" könnte der Avatar-typischen Idealisierung entgegen wirken und eine echte helfende Beziehung ermöglichen

© Springer Fachmedien Wiesbaden GmbH 2017
K. Bredl et al., *Avatar-basierte Beratung in virtuellen Räumen*,
essentials, DOI 10.1007/978-3-658-16015-9

Literatur

Almer, S. (2008). Das Fernbehandlungsverbot als rechtliche Grenze im Einsatz neuer Medien in der psycho-sozialen Versorgung. In: Kordy, H./Bauer, St. (Hrsg.), *E-Mental-Health. Neue Medien in der psychosozialen Versorgung* (S. 13–18). Heidelberg: Springer.

Andrews, A. R. (2014). Avatar Coaching: A Case Study on the Perceptions of Virtual Reality coaching interventions with an Avatar Coach. LDCOE – Learning & Development Center Of Excellence. http://search.proquest.com/docview/1526290959. Zugegriffen: 02.08.2016.

Bailenson, J. N., Blascovich, J. (2004). Avatars. In: Bainbridge, W. S. (Hrsg.), *Encyclopedia of human-computer interaction* (S. 64–68). Great Barrington, MA: Berkshire.

Bartle, R. A. (2003). *Designing Virtual Worlds*. Indianapolis: New Riders.

Bauer, St., Kordy, H. (2008). Computervermittelte Kommunikation in der psychosozialen Versorgung. In: Kordy, H., Bauer, St. (Hrsg.), *E-Mental-Health. Neue Medien in der psychosozialen Versorgung* (S. 3–12). Heidelberg: Springer.

Benke, K. (2007). *Online-Beratung und das Ich – Bild, Bilder und Abbilder im virtuellen Raum*. Duisburg: WIKU.

Berger, Th. (2011). Web 2.0 – Soziale Netzwerke und Psychotherapie. In: *Psychotherapie im Dialog*, 12(2), S. 118–122.

Berger, T., Stolz, T. & Schulz, A. (2013). Internetbasierte geleitete Selbsthilfeansätze bei Angststörungen und Depressionen. e-beratungsjournal.net. http://www.e-beratungsjournal.net/ausgabe_0213/berger_stolz_schulz.pdf. Zugegriffen: 02.08.2016.

Bienenstein, St., Rother, M. (2009). *Fehler in der Psychotherapie. Theorie, Beispiele und Lösungsansätze für die Praxis*. Heidelberg: Springer.

Bredl, K., Herz, D. (2010). Immersion in virtuellen Wissenswelten. In: Hug, Th./Maier, R. (Hrsg.), *Medien – Wissen – Bildung: Explorationen visualisierter und kollaborativer Wissensräume*. Innsbruck: innsbruck university press (IUP).

Bräutigam, B. (2009). Realitätsflucht oder Resilienzfaktor? Die Bedeutung der Imaginationsfähigkeit in der Psychotherapie mit Kindern und Jugendlichen. In: *Praxis der Kinderpsychologie und Kinderpsychiatrie*, 58(5), S. 321–29.

Bräutigam, B., Herz, D. & Bredl, K. (2011). Von Avatar zu Avatar. Systemisch orientierte Beratung in virtuellen Welten. *Familiendynamik. Interdisziplinäre Zeitschrift für systemorientierte Praxis und Forschung*. 36(1), S. 14–21.

Bürgin, D. (2004). Dreiecksgeschichten in der Kindertherapie. Die Rahmenerzählung zu den Märchen aus Tausendundeine Nacht als klinische Veranschaulichung. In:

© Springer Fachmedien Wiesbaden GmbH 2017
K. Bredl et al., *Avatar-basierte Beratung in virtuellen Räumen,* essentials, DOI 10.1007/978-3-658-16015-9

Metzmacher, B., Wetzorke, F. (Hrsg.), *Entwicklungsprozesse und die Beteiligten. Perspektive einer schulenübergreifenden Kinder- und Jugendlichenpsychotherapie.* (S. 111–133). Göttingen: Vandenhoeck & Ruprecht.

Cowan, D. (2015). Minecraft was YouTube's second-most popular search query of 2014. http://www.engadget.com/2015/01/08/minecraft-was-youtubes-second-most-popular-search-query-of-2014/. Zugegriffen: 02.08.2016.

Eichenberg, Ch. (2011). Zur Rolle moderner Medien in der Psychotherapie. Stand und Perspektiven. *Psychotherapie im Dialog,* 12(2), S. 102–106.

Eichenberg, C., Kühne, S. (2014). *Einführung Online-Beratung und Therapie.* München: Ernst-Reinhardt.

Eichenberg, C., Wolters, C. & Brähler, E. (2013). The Internet as a Mental Health Advisor in Germany – Results of a National Survey. *PLOS ONE,* 8, 11, S. 1–8.

Eichenberg, C., Brähler, E. (2012). Internet als Ratgeber bei psychischen Problemen: Eine bevölkerungsrepräsentative Befragung in Deutschland. *Psychotherapeut,* S. 1–9.

Engelhardt, E. (2014). Online-Supervision – neue Perspektiven für die Praxis. *kontext.* 45, 2, S. 172–185.

Engelhardt, E. M., Storch, S. D. (2013). Was ist Onlineberatung? – Versuch einer systematischen begrifflichen Einordnung der ‚Beratung im Internet'. *e-beratungsjournal.net.* http://www.e-beratungsjournal.net/ausgabe_0213/engelhardt_storch.pdf. Zugegriffen: 02.08.2016.

Freedman, S. A., Dayan, E., Kimelman, Y. B., Weissman, H., & Eitan, R. (2015). Early intervention for preventing posttraumatic stress disorder: an Internet-based virtual reality treatment. *European Journal of Psychotraumatology,* 6, 10.3402/ejpt.v6.25608. http://doi.org/10.3402/ejpt.v6.25608. Zugegriffen: 02.08.2016.

Geißler, H. (Hrsg., 2008): *E-Coaching (Grundlagen der Berufs- und Erwachsenenbildung, Bd. 55).* Baltmannsweilen: Hohengehren Schneider.

Geißler, H. & Kanatouri, S. (2015). Coaching mit modernen Medien. In: Ch. Schmidt-Lellek & A. Schreyögg (Hrsg.). *Die Professionalisierung von Coaching. Ein Lesebuch für den Coach* (S. 399 ff.). Wiesbaden: Springer Fachmedien.

Heers, R. (2005). Being There – Untersuchungen zum Wissenserwerb in virtuellen Umgebungen. Dissertation an der Fakultät für Informations- und Kognitionswissenschaften, Eberhard-Karls-Universität Tübingen. https://publikationen.uni-tuebingen.de/xmlui/bitstream/handle/10900/48724/pdf/Diss_Heers.pdf?sequence=1&isAllowed=y. Zugegriffen: 02.08.2016.

Heeter, C. (1992). Being There: The Subjective Experience of Presence. http://commtechlab.msu.edu/randd/research/beingthere.html. Zugegriffen: 02.08.2016.

Hintenberger, G. (2012). Die Internetrichtlinie für Psychotherapeutinnen und Psychotherapeuten in Österreich – Eine kritische Würdigung. *e-beratungsjournal.net.* http://www.e-beratungsjournal.net/ausgabe_0112/hintenberger.pdf. Zugegriffen: 02.08.2016.

Hintenberger, G., Kühne, St. (2009). Veränderte mediale Lebenswelten und Implikationen für die Beratung. In: Kühne, St., Hintenberger, G. (Hrsg.), *Handbuch Online-Beratung* (S. 13–26). Göttingen: Vandenhoeck & Ruprecht.

Hoffman Hunter G., Meyer Walter J. III, Ramirez Maribel, Roberts Linda, Seibel Eric J., Atzori Barbara, Sharar Sam R., and Patterson David R. *Cyberpsychology, Behavior, and Social Networking.* June 2014, 17(6): 397–401. doi:10.1089/cyber.2014.0058. Zugegriffen: 02.08.2016.

Höllenriegel, K. (2013). Online-Supervision – Potentiale und Restriktionen. *e-beratungsjournal. net.* http://www.e-beratungsjournal.net/ausgabe_0113/hoellriegel.pdf. Zugegriffen: 02.08.2016.

Hone-Blanchet, A., Wensing, T., & Fecteau, S. (2014). The Use of Virtual Reality in Craving Assessment and Cue-Exposure Therapy in Substance Use Disorders. *Frontiers in Human Neuroscience*, 8, 844. http://doi.org/10.3389/fnhum.2014.00844.

Huth-Hildebrandt, Ch. (2011). Vom antwortenden Tagebuch zur Nutzung virtueller Räume. *Familiendynamik*, 36 (1), S. 4–13.

Janssen, J.-K. (2016). Oculus Rift im Test: Virtual Reality für die Massen. http://www.heise.de/ct/artikel/Oculus-Rift-im-Test-Virtual-Reality-fuer-die-Massen-3151909.html. Zugegriffen: 02.08.2016.

Joinson, A. N. (2001). Self-disclosure in computer-mediated communication: The role of self-awareness and visual anonymity. *European Journal of Social Psychology*, 31, S. 177–192.

Klein, A. (2007). ‚Soziales Kapital Online'. Soziale Unterstützung im Internet. Eine Rekonstruktion virtualisierter Formen sozialer Ungleichheit. Dissertation. https://pub.uni-bielefeld.de/publication/2301811. Zugegriffen: 02.08.2016.

Kzero (2011). Virtual Worlds: Industry & User Data. Universe Chart for Q2 2011. Slideshare Presentation. http://www.slideshare.net/nicmitham/kzero-radar-q2-2011. Zugegriffen: 02.08.2016.

Li, Manning and Wang, Xuan (2014). Towards the design and development of a 3D virtual psychological self-service platform for occupational stress (Research in Progress). *PACIS 2014 Proceedings*. Paper 16. http://aisel.aisnet.org/pacis2014/16. Zugegriffen: 02.08.2016.

Lorna, S. (2013). BBC Health Check: Avatars ease voices for schizophrenia patients. http://www.bbc.com/news/health-22691718. Zugegriffen: 02.08.2016.

Lüngen, S., Rienitz, C. (2010). *Empfehlung zur Gestaltung eines Fragebogens für SL-User auf der Grundlage einer Forenanalyse*. Neubrandenburg: Unveröffentlichter Forschungsbericht.

Misoch, S. (2006). *Online-Kommunikation*. Konstanz: UVK.

Park Chan-Bin, Choi Jung-Seok, Park Su Mi, Lee Jun-Young, Jung Hee Yeon, Seol Jin-Mi, Hwang Jae Yeon, Gwak Ah Reum, and Kwon Jun Soo. *Cyberpsychology, Behavior, and Social Networking*. April 2014, 17(4): S. 262–267. doi:10.1089/cyber.2013.0253.

Pietschmann, D. (2009). *Das Erleben virtueller Welten. Involvierung, Immersion und Engagement in Computerspielen*. Boizenburg: Werner Hülsbusch.

Riva, G. (2011). The Key to Unlocking the Virtual Body: Virtual Reality in the Treatment of Obesity and Eating Disorders. *J Diabetes Sci Technol*, 5(2), S. 283–292. http://jdst.org/March2011/PDF/VOL-5-2-SYM12-RIVA.pdf. Zugegriffen: 02.08.2016.

Roesler, Ch. (2011). Die virtuelle therapeutische Beziehung. Eine Reflexion über Möglichkeiten und Grenzen. *Psychotherapie im Dialog*, 12(2), S. 107–112.

Rogers, C. (1993): *Die klientenzentrierte Gesprächspsychotherapie*. Frankfurt a.M.: Fischer.

Scheel et. al (2012). Psychophysiologische Belastungsreaktivität nach einem simulierten Feuer in einer Parkgarage. *Zeitschrift für klinische Psychologie und Psychotherapie*. doi: http://dx.doi.org/10.1026/1616-3443/a000154.

Seiffge-Krenke, I. (2004). *Psychotherapie und Entwicklungspsychologie*. Heidelberg: Springer.

Spitczok von Brisinski, I. (2011). Therapie, Beratung, Coaching. *Forum der Kinder- und Jugendpsychiatrie und Psychotherapie*. 21(2), S. 2–6.

Stenzel, G. (2006). Fantastische Kinder- und Jugendliteratur zwischen entwicklungspsychologischen und literarischen Funktionen – Anmerkungen zu Wolfgang Meißner. In: Knoblauch, J., Stenzel, G. (Hrsg.), *Zauberland und Tintenwelt. Fantastik in der Kinder- und Jugendliteratur* (S. 173–191). Beiträge Jugendliteratur und Medien, 17. Beiheft. Weinheim: Beltz Juventa.

Taddicken, M. (2011). Selbstoffenbarung im Social Web. Ergebnisse einer Internet-repräsentativen Analyse des Nutzerverhaltens in Deutschland. *Publizistik*. doi: 10.1007/11616-011-0123-8.

TriCat (2016). Anwendungsfelder. Coaching. http://tricat-spaces.net/tour/anwendungsfelder/. Zugegriffen: 02.08.2016.

Wagner, B., Maercker, A. (2011). Psychotherapie im Internet – Wirksamkeit und Anwendungsbereiche. *Psychotherapeutenjournal*, (1), S. 34–43.

Walther, J. B. (1996). Computer-mediated communication: Impersonal, interpersonal and hyperpersonal interaction. *Communication Research*, 23(1), S. 3–43.

Weisband, S., Kiesler, S. (1996). Self Disclosure on Computer Forms: Meta-Analysis and Implications. http://old.sigchi.org/chi96/proceedings/papers/Weisband/sw_txt.htm. Zugegriffen: 02.08.2016.

Wenzel, J. (2011). Internetdatenschutz – Vertrauliche Psychotherapie in der vernetzten Praxis. *Psychotherapie im Dialog*, 12(2), S. 158–161.

Wenzel, J. (2013a). Neue Medien verändern die Beratungslandschaft nachhaltig. *ZSTB*, 31, 3, S. 105–110.

Wenzel, J. (2013b). *Wandel der Beratung durch Neue Medien*. Göttingen: V&R Unipress.

ZEIT ONLINE, AFP, ff (2014). Microsoft zahlt Milliarden für "Minecraft"-Macher. http://www.zeit.de/digital/games/2014-09/microsoft-kauft-mojang-minecraft. Zugegriffen: 02.08.2016.

Zuehlke, V. (2014). *Beratungsangebote im Internet: Einflussfaktoren auf die psychosoziale Online-Beratung*. Hamburg: Diplomica.